Niveau intermédiaire

CIVILISATION

Stéphanie Anthony

Conseils à l'étudiant

- Vous pouvez suivre l'ordre des chapitres de 1 à 10 ou choisir librement les contenus que vous voulez travailler, chaque chapitre étant autonome.
- Vous pouvez répondre aux tests au crayon à papier pour les refaire après quelque temps.

Vous faites un exercice,
vous comparez vos réponses avec les corrigés,
vous vous mettez une note,
si vous n'avez pas su répondre, ou si vous vous êtes trompé(e), apprenez les bonnes réponses.
Refaites l'exercice plusieurs fois.

Refaire les exercices vous aidera à fixer les connaissances et ainsi à progresser en français.

Édition : Brigitte Faucard
Illustrations : Jaume Bosch
Couverture : Laurence Durandau
Maquette : Télémaque
Mise en page intérieure : PAOH ! - Dole

© CLE International, 2003.
ISBN : 209 033 645-5

Avant-propos

La civilisation est enseignée dans les classes au fil des programmes, des chapitres de manuel ; elle s'acquiert autant au fil des voyages, des rencontres, des contacts avec les médias, la littérature, l'histoire, la musique…

Cependant, si l'on contrôle largement et régulièrement les compétences en grammaire, en orthographe, en compréhension orale et écrite, la civilisation fait peu partie de l'évaluation et elle semble plutôt être considérée comme un plus qu'il n'est pas indispensable de tester.

Les *Tests CLE* s'adressent aux apprenants, jeunes étudiants ou adultes, ayant déjà une compétence fondamentale en français et qui souhaitent auto-évaluer leurs compétences en civilisation française.

Cet ouvrage est composé de 10 parties, chacune traite d'un thème. Huit pages sont consacrées à chaque thème et une page compte 10 questions et donc 10 points.

Les chapitres peuvent être faits dans n'importe quel ordre et à l'intérieur des chapitres, on peut se servir des informations présentes dans un exercice pour s'aider à la réalisation d'un autre exercice.

Cet ouvrage se veut ludique. Pour cette raison, la nature des exercices est très variée. On trouvera aussi bien des exercices classiques que des jeux comme les charades, les mots croisés, les documents créés…

Nous avons choisi de traiter à la fois l'histoire, les traditions et la modernité, la civilisation à la fois la plus populaire, voire ponctuelle et la plus culturelle. La progression s'est construite plus avec le choix des thèmes au fil des volumes que selon la forme des exercices.

Cet ouvrage permettra également à chacun d'approfondir ses connaissances puisque les exercices ont été élaborés avec des données que l'on peut choisir d'assimiler sérieusement. En effet, l'auto-évaluation est aussi une autre forme d'apprentissage.

Toutes les réponses sont données en fin d'ouvrage et il est conseillé pour mieux intégrer les données de refaire les exercices plusieurs fois.

Sommaire

1. Paris
2. La santé
3. L'argent et la consommation
4. Les grandes industries et l'agriculture
5. Le marché du luxe et la gastronomie
6. Les médias
7. Le cinéma
8. La chanson
9. Guerres et révolutions
10. Les grands courants artistiques : œuvres et personnalités

1 Paris

Cochez la bonne réponse.

1. Comment appelle-t-on l'ensemble des départements qui entourent directement Paris ?
  la ronde ☐   la petite couronne ☐   la ceinture ☐

2. Combien de lignes de métro possède Paris ?
  62 ☐   6 ☐   16 ☐

3. En quelle année a été construite la première ligne de métro ?
  1936 ☐   1945 ☐   1900 ☐

4. Quel a été le premier nom de Paris ?
  Lutèce ☐   Parisi ☐   Paname ☐

5. Quel souverain a fait de Paris la capitale de la France ?
  Louis XIV ☐   Clovis ☐   Henri IV ☐

Note : /5 points

Reliez les quartiers à leurs caractéristiques.

1. les Champs-Élysées •
2. Bastille •
3. Opéra •
4. le Quartier Latin •
5. l'Île de la Cité •

- **a.** Les cafés, les éditeurs, les universités, les grandes écoles.
- **b.** Le tourisme, les boutiques des grandes marques, le loisir.
- **c.** Notre-Dame, la préfecture de police, le palais de justice.
- **d.** Les magasins de luxe et les joailliers.
- **e.** Les bars, les restaurants, les jeunes créateurs.

Note : /5 points

TOTAL : /10 points

3 Notez RD, rive droite, si le monument est situé sur cette rive et RG, rive gauche, s'il est situé sur l'autre rive.

1. L'opéra Garnier ☐
2. La tour Eiffel ☐
3. La cité universitaire internationale ☐
4. La tour Montparnasse ☐
5. La grande bibliothèque ☐
6. Les Invalides ☐
7. Le Louvre ☐
8. Le Grand Palais ☐
9. Le centre Beaubourg ☐
10. La Sorbonne ☐

TOTAL : / 10 points

4 Choisissez la bonne réponse puis complétez les textes.

le parc de la Villette • *le jardin du Luxembourg* • *le jardin des Tuileries* • *le parc des Buttes-Chaumont* • *le jardin des Plantes*

1. Jardin créé en 1617 à l'initiative de Marie de Médicis. Situé en haut du boulevard Saint-Michel, le Sénat donne sur ce jardin. On y trouve un bassin où les enfants font naviguer des voiliers en bois, des aires de jeux, des cours de tennis. Plusieurs expositions de photo ont eu lieu le long de ses grilles.

2. Parc aménagé en 1863, à l'initiative de Napoléon III, dans le nord-est de Paris. On y trouve un lac, des cascades et des ruisseaux, des allées, des rochers, une grotte, le temple de la Sibylle. Les enfants peuvent y voir des spectacles de *Guignol*.

3. Jardin réaménagé par André Le Nôtre, situé entre le Louvre et la place de la Concorde. On y trouve un bassin, des cafés, des kiosques et de nombreuses statues notamment de Maillol. Une fête foraine s'y installe en été.

_____

4. Situé en face de la gare d'Austerlitz, fondé au départ par le médecin de Louis XIII pour l'enseignement de l'herboristerie, tous les grands naturalistes et botanistes y ont travaillé. On y trouve, entre autres, un petit zoo, un labyrinthe, la Grande Galerie de l'évolution, la Galerie de Minéralogie et deux grandes serres.

_____

5. Parc créé en 1987, traversé par le Canal de l'Ourcq. On y trouve la Cité des sciences et la Cité de la musique, la salle de cinéma la Géode et la salle de concert le Zénith.

_____

Note : / 5 points

Reliez le bâtisseur à sa construction.

1. Mitterrand •   • a. l'opéra Garnier
2. Napoléon III •   • b. le parc de la Villette
3. François Ier •   • c. le Pont-Neuf
4. Georges Pompidou •   • d. le Collège de France
5. Henri IV •   • e. le centre Beaubourg

Note : / 5 points

TOTAL : / 10 points

CIVILISATION

6 **Cochez vrai ou faux.**

1. Paris est le site touristique le plus visité dans le monde. vrai ☐ faux ☐

2. Il est autorisé et sans danger de se baigner dans la Seine. vrai ☐ faux ☐

3. À Paris, on visite certains cimetières et les égouts. vrai ☐ faux ☐

4. Des concours de saut en parachute sont organisés du haut de la tour Eiffel. vrai ☐ faux ☐

5. Paris et les départements environnants forment la plus importante agglomération d'Europe. vrai ☐ faux ☐

Note : / 5 points

7 **Reliez les monuments à leur date de création.**

1. les arènes de Lutèce •   • a. 1922
2. la mosquée de Paris •   • b. Ier/IIe siècle après Jésus-Christ
3. la tour Eiffel •   • c. 1969
4. le centre Beaubourg •   • d. 1987
5. la Cité de la musique •   • e. 1889

Note : / 5 points

TOTAL : / 10 points

Notez M, si l'activité culturelle proposée par ces salles ou théâtres est la musique, ou T, si c'est le théâtre.

1. l'opéra Garnier ☐

2. la Cité de la musique ☐

3. la Comédie française ☐

4. la salle Gaveau ☐

5. l'Odéon ☐

6. la Cartoucherie ☐

7. le caveau de la Huchette ☐

8. les Bouffes du nord ☐

9. l'opéra Bastille ☐

10. la salle Pleyel ☐

TOTAL : / 10 points

CIVILISATION

9 Rayez les cinq lieux qui ne sont pas des cafés de Paris réputés pour leur passé littéraire et artistique prestigieux.

1. le Flore
2. les Halles
3. le Procope
4. les Bains-douches
5. la Rotonde
6. les Batignolles
7. la Closerie des lilas
8. les Deux Magots
9. les Puces
10. l'Orangerie

Note : / 5 point

10 Reliez ces expressions courantes à la boisson qu'elles désignent.

1. un petit noir •
2. un ballon •
3. un demi •
4. un crème •
5. une noisette •

• a. un petit verre de vin
• b. un café serré
• c. un café avec du lait
• d. un café avec une goutte de lait
• e. un verre de bière

Note : / 5 point

TOTAL : / 10 point

Paris

1 Répondez en complétant.

1. Surnom populaire et argotique de la ville de Paris.

   P _ N _ M _

2. Terme familier qui signifie *Parisien*.

   P _ R _ G _ T

3. Marchands de livres anciens et d'occasion exposés sur les parapets des quais de la Seine.

   B _ _ Q _ I _ I _ T _ S

4. Mot populaire d'origine russe qui désigne un café.

   B _ S T _ O T

5. Mot pour appeler les serveurs dans les cafés parisiens.

   G _ R _ O N !

Note : / 5 points

2 Rayez les cinq noms de lieux ou de personnages qui n'appartiennent pas à l'univers de Montmartre.

1. Juliette Gréco
2. Miles Davis
3. le Moulin Rouge
4. le café de Flore
5. le pont Mirabeau
6. Toulouse-Lautrec
7. Amélie Poulain
8. le Sacré-Cœur
9. la butte
10. Jean-Paul Sartre
11. Le moulin de la Galette

Note : / 5 points

TOTAL : / 10 points

13 Reliez ces citations à leur auteur.

1. "J'ai deux amours, mon pays et Paris." •

2. "Bergère ô tour Eiffel, le troupeau des moutons bêle ce matin." •

3. "Paris outragé, Paris brisé, Paris martyrisé mais Paris libéré." •

4. "Avec des si, on mettrait Paris en bouteille." •

5. "Dieu a inventé les Parisiens pour que les étrangers ne puissent rien comprendre aux Français." •

• **a.** proverbe
• **b.** le général de Gaulle
• **c.** Alexandre Dumas fils
• **d.** Guillaume Apollinaire
• **e.** Joséphine Baker

Note : / 5 point

14 Rayez les cinq lieux qui ne sont pas des stations de métro.

1. Place d'Italie
2. Moulin Rouge
3. Sacré-Cœur
4. Invalides
5. Gare de l'Est
6. Jardin des Plantes
7. Beaubourg
8. Châtelet
9. Grand Palais
10. Saint-Michel

Note : / 5 point

TOTAL : / 10 point

2 La santé

Associez les dessins aux mots.

ⓐ　　　　　　ⓑ　　　　　　ⓒ　　　　　　ⓓ　　　　　　ⓔ

1. une seringue ☐   4. une canne ☐
2. un thermomètre ☐   5. un stéthoscope ☐
3. des béquilles ☐

Note : / 5 points

Retrouvez, dans cette grille, le nom des cinq spécialistes suivants :

ostéopathe • psychologue • kinésithérapeute • acuponcteur • homéopathe

K	O	N	O	A	I	P	N	E	S
I	H	E	L	Y	N	T	A	E	O
N	A	B	E	L	A	I	S	G	N
E	I	F	N	O	G	T	B	P	O
S	P	O	R	S	A	S	A	S	D
I	U	R	S	T	C	M	I	Y	H
T	T	T	I	E	U	C	S	C	F
H	O	M	E	O	P	A	T	H	E
E	U	B	E	P	O	A	Y	O	O
R	F	M	P	A	N	X	Z	L	U
A	C	U	P	T	C	C	T	O	U
P	H	E	L	H	T	T	A	G	O
E	A	B	E	E	E	I	S	U	N
U	I	F	N	L	U	T	B	E	O
T	P	O	R	O	R	S	A	R	D
E	U	R	S	I	S	M	I	L	H

Note : / 5 points
TOTAL : / 10 points

3 Reliez les données de gauche aux chiffres.

1. nombre de boîtes de médicaments consommées chaque année par un Français •

2. pourcentage de Français qui ont une mutuelle •

3. pourcentage retenu sur les salaires pour la Sécurité sociale •

4. nombre moyen de visites par an chez le médecin •

5. dépense moyenne par an pour la santé de chaque français •

- **a.** 1 800 euros
- **b.** 19 %
- **c.** 84 %
- **d.** 33
- **e.** 8

Note : / 5 points

4 Cochez vrai ou faux.
1. Les Français pratiquent facilement l'automédication. vrai ☐ faux ☐
2. Les Français sont fermés aux médecines parallèles. vrai ☐ faux ☐
3. Ce sont les femmes et les personnes âgées qui vont le moins consulter le médecin. vrai ☐ faux ☐
4. Les Français sont les Européens qui consomment le moins de médicaments. vrai ☐ faux ☐
5. La France a les dépenses de santé les plus élevées du monde. vrai ☐ faux ☐

Note : / 5 points

TOTAL : / 10 points

santé

Reliez ces termes familiers à leur signification.

1. Je vais à l'hosto •
2. J'ai la *crève* •
3. J'ai pris des *médocs* •
4. J'ai une *piquouze* par jour •
5. Je vais chez le *toubib* •

• **a.** médecin
• **b.** un rhume
• **c.** l'hôpital
• **d.** piqûre
• **e.** médicaments

Note : / 5 points

Cochez vrai ou faux.

1. Le système de santé français a été classé numéro un par l'OMS (organisation mondiale de la santé). vrai ☐ faux ☐
2. La santé des Françaises est la plus solide après celle des Japonaises. vrai ☐ faux ☐
3. La différence de l'espérance de vie entre les hommes et les femmes est de 1 an. vrai ☐ faux ☐
4. Il n'y a pas de différence d'espérance de vie entre les cadres et les ouvriers. vrai ☐ faux ☐
5. Un dicton français dit que "le travail, c'est la santé". vrai ☐ faux ☐

Note : / 5 points

TOTAL : / 10 points

7 Reliez les professions à leur activité.

- a. Il soigne les pieds.
- b. Il suit les grossesses des femmes enceintes et les assistent pendant l'accouchement

1. le dentiste •
2. l'obstétricien •
3. l'anesthésiste •
4. le cardiologue •
5. le podologue •
6. le pédiatre •
7. le dermatologue •
8. le radiologue •
9. le prothésiste •
10. le cancérologue •

- c. Il traite les cancers.
- d. Il traite les maladies cardiaques.
- e. Il endort les patients ou des parties du corps pour des opérations ou des soins douloureux.
- f. Il soigne la peau.
- g. Il pose les prothèses.
- h. Il soigne les enfants.
- i. Il soigne les dents.
- j. Il prend des photos de l'intérieur du corps et les interprète.

TOTAL : / 10 points

la santé

Rayez les cinq maladies qui ne sont pas des maladies graves.
1. la rougeole
2. le sida
3. l'hépatite
4. la méningite
5. la bronchite
6. le cancer
7. la tuberculose
8. les oreillons
9. la varicelle
10. le rhume

Note : / 5 points

Soulignez les cinq adjectifs qui s'appliquent couramment au mot maladie.
1. incurable
2. bénigne
3. légère
4. douce
5. mortelle
6. infantile
7. grave
8. exceptionnelle
9. originale
10. agréable

Note : / 5 points

TOTAL : / 10 points

10 Complétez le texte avec :

génériques • découvert • pharmaciens • trou • colossal • cotisations • remboursés • honoraires • sécu • soigné

Le "trou de la sécu"

C'est une expression que tous les Français connaissent. La _____ c'est bien sûr la Sécurité sociale et le _____, c'est son déficit _____. Des milliards d'euros et le trou s'approfondit chaque année. se calcule en faisant la balance entre l'assurance maladie et l'assurance vieillesse et les recettes des _____ de l'emploi, un vrai casse-tête. Pour faire des économies, certains médicaments ne seront plus _____ ; les médecins et les _____ sont invités à encourager la consommation de médicaments _____ moins coûteux. Mais les médecins réclament en même temps des augmentations d'_____.

Tout cela est très complexe et la France est habituée à sa sécu à _____ de milliards de francs ou d'euros, le principal étant d'être bien _____.

TOTAL : / 10 points

la santé

1 Reliez le mot à sa définition.

1. le diagnostique •
2. le traitement •
3. les symptômes •
4. la guérison •
5. la rechute •

- **a.** Reprise d'une maladie qui était en voie de guérison.
- **b.** Le fait d'être délivré d'un mal physique, amélioration de l'état de santé et élimination de la maladie.
- **c.** Ensemble des moyens (médicaments, prescription de tout ordre) employés pour guérir ou atténuer une maladie.
- **d.** Signes qui permettent de prévoir, de déduire l'arrivée d'une maladie.
- **e.** Action de déterminer une maladie d'après les symptômes.

Note : / 5 points

2 Reliez les expressions familières à leur signification.

1. avoir une fièvre de cheval •
2. être malade à crever •
3. être malade comme un chien •
4. se faire porter pâle •
5. être patraque ou mal fichu •

- **a.** dire ou faire dire qu'on est malade alors qu'on ne l'est pas
- **b.** être légèrement malade
- **c.** être très malade
- **d.** être très très malade
- **e.** avoir une très grosse fièvre

Note : / 5 points

TOTAL : / 10 points

13 Complétez le texte avec :

reportages • privé • patients • linguistique • vocations • expatriation • diplôme • soignant • Urgence • publique

_____ chez les infirmières

Il y a quelques années, le gouvernement proclamait qu'il y aurait trop de personnel _____ et la formation des infirmières a été considérablement réduite. Le _____ se passe en trois ans. Aujourd'hui il manque des milliers d'infirmières, notamment dans le _____. La France va donc puiser dans les "réserves" d'infirmières espagnoles. Elles sont majoritairement au chômage et enchaînent les contrats à durée déterminée ; alors, pour la sécurité de l'emploi, elles tentent l'aventure de l'_____. Un mois seulement est prévu pour leur formation technique et surtout _____. Des _____ à la télévision montrent _____ et infirmières se parler avec les mains, et se comprendre. Cette situation de santé _____ inédite va peut-être encourager des _____ linguistiques inattendues.

TOTAL : / 10 points

3 L'argent et la consommation

Cochez vrai ou faux.
1. Le président de la République doit communiquer l'état de
son patrimoine avant d'entrer en fonction.   vrai ☐   faux ☐
2. Les Français adorent parler d'argent et dire combien ils gagnent.   vrai ☐   faux ☐
3. Les retraités sont ceux qui peuvent dépenser le plus.   vrai ☐   faux ☐
4. Les femmes touchent plus que les hommes à travail égal.   vrai ☐   faux ☐
5. Les cadres gagnent dix fois plus que les ouvriers.   vrai ☐   faux ☐

Note : / 5 points

Reliez les données de gauche aux chiffres.
1. salaire des très grands patrons •
2. salaire des députés •
3. salaire moyen •
4. SMIC •
5. RMI (revenu minimum d'insertion) •

• a. 400 euros
• b. 300 000 euros
• c. 7000 euros
• d. 2050 euros
• e. 1150 euros

Note : / 5 points

TOTAL : / 10 points

3 Cochez vrai ou faux.

1. La TVA (taxe sur la valeur ajoutée des achats)
   est la plus élevée d'Europe.   vrai ☐   faux

2. Les prélèvements sociaux sur les salaires sont de 2 %.   vrai ☐   faux

3. Les prélèvements fiscaux représentent
   presque la moitié des salaires.   vrai ☐   faux

4. L'impôt sur les grandes fortunes est
   une idée des partis de droite.   vrai ☐   faux

5. Les Français payent un impôt sur leur habitation
   qui s'appelle la taxe d'habitation.   vrai ☐   faux

Note : / 5 points

4 Complétez ces proverbes et citations avec :

mariage • il y contribue • un mauvais maître • d'odeur • mortelle

1. L'argent ne fait pas le bonheur mais _____
2. L'argent n'a pas _____
3. Plaie d'argent n'est pas _____
4. L'argent est un bon serviteur mais _____
5. Argent fait rage et amour, _____

Note : / 5 points

TOTAL : / 10 points

rgent et la consommation

Les mots d'argot, pour parler de l'argent, se rapportent souvent à la forme des pièces ou des billets, à ce qu'on peut acheter avec ou encore aux monnaies étrangères. Rayez les dix mots argotiques de cette liste qui ne s'utilisent pas pour parler d'argent.

1. chico
2. oseille
3. boulot
4. gonzesse
5. canasson
6. rond
7. balle
8. turbin
9. bahut
10. frangin
11. kopeck
12. fric
13. flic
14. flous
15. tune
16. brique
17. radis
18. toubib
19. turne
20. blé

TOTAL : / 10 points

6 Complétez les mots.

1. Quand on paye, donner la somme exacte c'est

    FAIRE L' AP_O_NT

2. Ce que fait le commerçant quand le client a donné plus que le prix affiché c'e[st]

    RENDRE LA M_NN_I_

3. Objet où l'on range son argent.

    P_R_E-M_N_A_E

4. Expression qui signifie que la boutique ne donne pas de délai de paiemen[t] aux clients.

    LA MAISON NE FAIT PAS C_É_IT

5. Carnet de chèques.

    C_É_U_E_

Note : / 5 poin[ts]

7 Retrouvez, dans cette grille, les cinq lieux de consommation suivants :

supermarché • hypermarché • boutique • marché • magasin

H	E	P	O	J	T	A	G	E	S
Y	C	H	P	O	Y	I	Q	U	U
P	B	E	O	U	P	B	M	I	P
E	E	B	O	U	T	I	Q	U	E
R	U	R	N	N	L	I	S	T	R
M	A	G	A	S	I	N	O	O	M
A	U	R	S	L	N	M	I	T	A
R	T	E	D	I	T	O	S	N	R
C	V	G	J	S	F	T	E	I	C
H	W	A	R	T	I	C	L	E	H
E	F	M	P	M	A	R	C	H	E

Note : / 5 poin[ts]

TOTAL : / 10 poin[ts]

Argent et la consommation

Complétez les phrases avec :

marché • grands magasins • boutiques • hypermarchés • "L'arabe du coin"

1. _____ est une particularité parisienne.
2. En province, on fait plutôt ses courses au _____.
3. Les _____ se situent à la périphérie des villes.
4. Les _____ se situent dans le centre-ville.
5. Il n'y a pas de _____ dans les villages.

Note : / 5 points

Rayez les cinq magazines qui ne parlent pas d'argent.

1. Capital
2. Biba
3. Les Échos
4. Voici
5. Gala
6. Le Journal des finances
7. Investissements et conseils
8. L'Expansion
9. Paris Match
10. Toupie

Note : / 5 points

TOTAL : / 10 points

10 La folie des soldes. Complétez le texte avec :

Rabais • soldes • juillet • événement • magasins • consommateurs • moitié • vitrines • émeute • janvier

_____, ristourne, promotion, rien ne remplace les vraies _____. Elles ont lieu deux fois par an. En _____, après les fêtes, et e[n] _____.

Elles font souffler un vent de folie dans l'esprit des _____. Certains magasins ont dû parfois fermer leurs portes pour éviter une _____. Certains clients font la queue devant les _____ avant l'heure d'ouverture.

10 %, 40 %, _____ prix, deux pour le prix d'un, c'est le moment de s'offrir le pull ou les chaussures repérés dans les _____ depuis de[s] mois.

Les soldes sont un véritable _____, notamment à Paris.

TOTAL : / 10 poin[ts]

Reliez le nom des magasins à leur spécialité.

1. Botanic •
2. Bricorama •
3. FNAC •
4. Promod •
5. Newman •
6. Sephora •
7. Habitat •
8. Décathlon •
9. La Grande Récré •
10. Carrefour •

• **a.** alimentation
• **b.** jardinage
• **c.** vêtements féminins
• **d.** meubles
• **e.** parfums
• **f.** jouets
• **g.** produits culturels
• **h.** vêtements masculins
• **i.** articles de sport
• **j.** bricolage

TOTAL : / 10 points

12 Complétez le texte avec :

informer • associations • juridiques • choisir • médiateur • objective • services • conseillent • arnaques • défendre

Les _____ de consommateurs sont nombreuses en France.
Leur but est d'_____, d'aider à _____ et de
_____, éventuellement, les consommateurs avec un
_____.
Elles analysent de façon _____ les produits et _____.
Elles mettent en évidence les pièges et _____ de la
consommation. Elles _____ et mènent des études
économiques, _____, comparatives, selon les produits.
La plus connue est *60 Millions de consommateurs*.

TOTAL : / 10 points

4 Les grandes industries et l'agriculture

Cochez vrai ou faux.
1. La France est la quatrième puissance économique mondiale. vrai ☐ faux ☐
2. La France est le deuxième pays exportateur. vrai ☐ faux ☐
3. La France est le premier pays investisseur à l'étranger. vrai ☐ faux ☐
4. La France a une économie purement étatique. vrai ☐ faux ☐
5. La France n'accueille plus d'investisseurs étrangers. vrai ☐ faux ☐

Note : / 5 points

Cochez la bonne réponse.
1. Le premier partenaire économique de la France est
    l'Allemagne. ☐   la Corée du nord. ☐   le Pérou. ☐
2. La France exporte principalement
    du pétrole. ☐   des produits agroalimentaires. ☐   du gaz. ☐
3. La France exporte beaucoup
    d'ivoire. ☐   de diamants. ☐   d'avions et de bateaux. ☐
4. Lequel de ces pays est un autre grand partenaire commercial de la France ?
    le Burkina Faso ☐   l'Afrique du sud ☐   l'Italie ☐
5. Les entreprises françaises sont présentes dans
    15 pays. ☐   133 pays. ☐   tous les pays du monde. ☐

Note : / 5 points

TOTAL : / 10 points

3 Reliez ces grandes entreprises françaises à leurs activités.

1. BNP Paris Bas •
2. Carrefour •
3. Michelin •
4. Ariane/Airbus •
5. Total Elf •
6. Accord •
7. Renault •
8. Vivendi Universal •
9. AXA •
10. Danone •

• **a.** les pneus
• **b.** les voitures
• **c.** l'aérospatiale
• **d.** l'assurance
• **e.** la communication
• **f.** la banque
• **g.** l'hôtellerie
• **h.** le pétrole
• **i.** les produits laitiers et l'eau minérale
• **j.** les supermarchés

TOTAL : / 10 points

les grandes industries et l'agriculture

Reliez ces noms au type d'industrie auquel ils sont associés.

1. Ariane •
2. Peugeot •
3. Renault •
4. Airbus •
5. Citroën •

• **a.** aéronautique/aérospatiale
• **b.** automobile

Note : / 5 points

Cochez vrai ou faux.

1. Les constructeurs automobiles français
exportent 50 % de leur production. vrai ☐ faux ☐
2. TGV signifie "toujours la garantie vitesse". vrai ☐ faux ☐
3. Michelin construit essentiellement des bateaux pneumatiques. vrai ☐ faux ☐
4. La France est spécialiste dans la construction de métros. vrai ☐ faux ☐
5. Total est un des cinq premiers
groupes pétroliers du monde. vrai ☐ faux ☐

Note : / 5 points

TOTAL : / 10 points

6 Complétez le texte avec :

visiteurs • essais • journalistes • stands • marques • automobile • nouveautés • première • nationalités • couvrir

"Le salon de l'auto" de Paris est le plus important salon de l'_____ du monde avec 1 million 400 000 _____. Au salon 2002 50 _____ ont été dévoilées en avant-_____.

560 _____ de constructeurs issus de 23 pays sont présentes su les _____.

66 000 _____ ont été effectués.

10 500 _____ de 91 _____ étaient présents pour _____ cet événement médiatique majeur.

Le succès de ce salon augmente d'année en année.

TOTAL : / 10 points

les grandes industries et l'agriculture 33

Complétez les phrases avec :

pétrole • publiques • nucléaire • écologistes • la crise pétrolière de 1973

1. 75 % de l'électricité française provient de l'énergie _____.

2. EDF (Électricité de France) / GDF (Gaz de France) sont des entreprises _____.

3. Les éoliennes représentent une nouvelle source d'énergie plébiscitée par les _____.

4. La France a développé son parc de centrales nucléaires après _____.

5. Total ELF assure une production annuelle de plus de cent millions de tonnes de _____.

Note : / 5 points

Cochez la bonne réponse.

1. En tant que producteur agricole européen, le rang occupé par la France est
   le quinzième. ☐   le septième. ☐   le premier. ☐

2. La France compte
   7 millions d'agriculteurs. ☐   12 000 agriculteurs. ☐   650 000 agriculteurs. ☐

3. Le pourcentage de la population rurale est de
   3 %. ☐   13 %. ☐   75 %. ☐

4. Un agriculteur nourrit aujourd'hui
   30 personnes. ☐   4 personnes. ☐   250 personnes. ☐

5. La *maladie de la vache folle* est la maladie
   de Parkinson. ☐   de Creutzfeldt Jacob. ☐   d'Alzheimer. ☐

Note : / 5 points

TOTAL : / 10 points

9 30 millions de Français sont équipés d'un téléphone portable. Depuis l'apparition des messages écrits par téléphone portable, une langue française "bizarre", basée sur les sons et les abréviations s'est développée. Reliez les messages à leur traduction. (Pour vous aider, prononcez les messages haute voix.)

1. KESTUMDI ? •
2. G PA CZI •
3. TOQP ? •
4. BJR •
5. A2M1 •
6. TBL •
7. GT'M •
8. TPREC ? •
9. KESTUFE ? •
10. TUMPLE •

• a. J'ai pas saisi.
• b. T'es pressé ?
• c. Qu'est-ce que tu me dis ?
• d. T'es belle !
• e. Qu'est-ce que tu fais ?
• f. Je t'aime.
• g. Tu me plais.
• h. Bonjour.
• i. À demain.
• j. T'es occupé ?

TOTAL :   / 10 points

les grandes industries et l'agriculture

Reliez les données de gauche aux régions.

1. élevage •
2. céréales •
3. fromages •
4. lait •
5. vignes, fruits et légumes •

- **a.** les montagnes
- **b.** le bassin parisien, la Beauce
- **c.** le Sud-Est
- **d.** la Bretagne
- **e.** l'ouest de la France

Note : / 5 points

Rayez les cinq produits qui ne font pas partie de la production agricole de masse de la France.

1. mangues
2. papayes
3. tournesol
4. volaille
5. lait
6. riz
7. manioc
8. betterave
9. porc
10. bananes

Note : / 5 points

TOTAL : / 10 points

12 Complétez le texte avec :

institution • culinaires • communication • vaches • élevage • biologique • races • zoo • souriant • citadins

L'incontournable salon de l'agriculture de Paris

C'est une des sorties favorites des Français, pour les petits _____, c'est l'occasion de voir autant d'animaux qu'au _____. Peu d'hommes politiques manquent à l'appel ; pour eux, le salon est un exercice de _____, c'est à qui sera le plus à l'aise en posant à côté des _____, à qui pourra boire et manger le plus en restant _____.

Le salon présente un espace _____, un espace industrie agro-alimentaire, agriculture _____, spécialités _____ du monde entier et un espace nature et loisirs avec la chasse, la pêche, le jardinage et des milliers de _____ d'animaux.

C'est une véritable _____ de la vie parisienne populaire.

TOTAL : / 10 points

5 Le marché du luxe et la gastronomie

Complétez les phrases avec :

une collection • 35 % • le secrétaire d'État à l'industrie • 30 milliards d'euros • 300 000 personnes

1. Le marché du luxe emploie en tout _____.
2. Le chiffre d'affaires de ce marché est de plus de _____.
3. La part du marché français dans le marché mondial des parfums et cosmétiques est de _____.
4. Le label haute couture est attribué par _____ et les professionnels.
5. Il faut pour cela employer au moins 20 personnes qualifiées et présenter _____ d'au moins 50 passages.

Note : / 5 points

Rayez les cinq endroits parisiens qui ne font pas partie du monde du luxe français.
1. Place Vendôme
2. Pigalle
3. Les Champs-Élysées
4. Belleville
5. Avenue Montaigne
6. Boulevard Barbès
7. Rue François Ier
8. Rue du Faubourg-Saint-Honoré
9. Porte de Gentilly
10. Gare du nord

Note : / 5 points

TOTAL : / 10 points

CIVILISATION

3 Reliez les noms aux produits.

1. Hermès •
2. Vuitton •
3. Chanel •
4. Guerlain •
5. Fauchon •

• a. les sacs
• b. les parfums
• c. l'épicerie fine
• d. les foulards
• e. la haute couture

Note : / 5 points

4 Cochez vrai ou faux.

1. Coco Chanel est morte en camp de concentration pendant la Deuxième Guerre mondiale.   vrai ☐ faux ☐

2. La marque Chanel utilise presque toujours l'image des grandes actrices françaises pour ses publicités.   vrai ☐ faux ☐

3. Madame Chanel s'appelait Coco car elle adorait les perroquets.   vrai ☐ faux ☐

4. Le créateur du n°5 de Chanel, en 1921, était le parfumeur de la cour des tsars de Russie.   vrai ☐ faux ☐

5. Marilyn Monroe a déclaré porter du Chanel n°5, le soir, pour aller se coucher.   vrai ☐ faux ☐

Note : / 5 points

TOTAL : / 10 points

le marché du luxe et la gastronomie

Notez O, oui, si le mot est utilisé pour décrire le monde du luxe ou N, non, si ce n'est pas le cas.

1. maladresse ☐
2. ordinaire ☐
3. prestige ☐
4. rareté ☐
5. subtilité ☐
6. trivialité ☐
7. banalité ☐
8. raffinement ☐
9. créativité ☐
10. élégance ☐

TOTAL : / 10 points

6 Complétez le texte avec :

Cocteau • tailleur • mondaines • garde-robe • chapeaux • défilé • l'aisance • Stravinsky • l'émancipation • pièces

Gabrielle Chasnel, dite Coco Chanel, a commencé par la création de _____. Sa première boutique était à Deauville. Dès l'Entre-deux-guerres, sa maison de couture était un véritable _____ de hautes figures, aristocrates, artistes, _____.

Ses amis s'appelaient Radiguet, _____, Picasso. Elle a créé de nombreux costumes pour des _____, des opéras. Elle a plusieurs fois sauvé du désastre financier les Russes _____, Diaghilev et Nijinski. Mais elle reste surtout célèbre pour son fameux _____ et ses parfums. Elle a apporté aux femmes le confort et _____ jusqu'alors réservés à la _____ masculine ; elle a ainsi grandement contribué à _____ des femmes.

TOTAL : / 10 points

le marché du luxe et la gastronomie 41

Les accessoires. Complétez les mots.

1. Il sert à s'éventer.

   É _ _ N T _ _ L

2. Elle sert à se protéger du soleil.

   O _ B _ _ _ L E

3. On les porte aux pieds.

   C _ _ _ S _ _ _ E _

4. On le porte sur la tête.

   C _ _ _ E _ _

5. Ils couvrent les mains.

   G _ _ T _

6. Il sert à ranger ses affaires.

   S _ _

Note : / 6 points

Les métiers de la couture. Reliez le métier à sa définition.

- 1. tailleur •
- 2. plumassier •
- 3. brodeur •
- 4. plisseur •

- **a.** Personne qui effectue le plissage.
- **b.** Personne qui fabrique, prépare les garnitures de plumes.
- **c.** Personne qui coupe et confectionne les vêtements.
- **d.** Personne qui fait les broderies.

Note : / 4 points

TOTAL : / 10 points

9 Cochez vrai ou faux.

1. Tous les quatre ans, ont lieu, à Paris, les Jeux Olympiques de la gastronomie.   vrai ☐   faux ☐
2. Le restaurant *La tour d'argent* s'appelle ainsi car il est situé en haut de la tour Montparnasse.   vrai ☐   faux ☐
3. Le restaurant *Le Jules Verne* est situé au deuxième étage de la tour Eiffel.   vrai ☐   faux ☐
4. Deux guides célèbres notent et classifient les grands restaurants français.   vrai ☐   faux ☐
5. La toque est le tablier blanc du chef cuisinier.   vrai ☐   faux ☐

Note : / 5 points

10 Retrouvez, dans cette grille, les noms de ces cinq grands chefs français :
Boccuse (Paul) • Loiseau (Bernard) • Ducasse (Alain) • Robuchon (Joël) • Cagna (Jacques)

A	H	E	L	Y	N	T	C	E	O
M	A	H	E	L	A	E	A	G	N
O	B	F	D	L	G	T	G	A	L
R	O	B	U	C	H	O	N	R	O
O	C	R	C	I	S	M	A	L	I
R	C	P	A	M	N	O	S	L	S
D	U	H	S	R	A	C	E	E	E
D	S	B	S	L	L	A	Y	A	A
U	E	M	E	L	D	X	Z	O	U

Note : / 5 points

TOTAL : / 10 points

Le marché du luxe et la gastronomie

1 Reliez les verbes à leur définition.

- **a.** Parsemer une préparation de sel, sucre, farine, etc.
- **b.** Réduire en petits morceaux à l'aide d'un couteau ou d'un hachoir.
- **c.** Faire bouillir viandes ou légumes avant toute préparation pour les attendrir.
- **d.** Verser du liquide dans un récipient de cuisson.
- **e.** Mettre dans une passoire pour éliminer l'excédent d'eau.
- **f.** Couper en lamelles très fines.
- **g.** Synonyme de *éplucher*.
- **h.** Faire colorer un aliment dans un corps gras brûlant.
- **i.** Faire brûler de l'alcool chaud sur un aliment.
- **j.** Faire cuire longuement et à petit feu.

1. déglacer
2. effiler
3. égoutter
4. blanchir
5. peler
6. faire revenir
7. mijoter
8. flamber
9. saupoudrer
10. hacher

TOTAL : / 10 points

12 Complétez le texte avec :

surmonter • officielle • banquets • maître d'hôtel • ravitaillement • château • poisson • suicide • célèbres • lettre

Le cuisinier désespéré

François Vatel est sans doute un des cuisiniers les plus _____ de l'histoire de France. Tristement célèbre puisqu'on se rappelle surtout de lui à cause de son _____, relaté dans une _____ de Madame de Sévigné. François Vatel était au service du prince de Condé au _____ de Chantilly. En fait, rien ne prouve qu'il ait vraiment été cuisinier, sa fonction _____ était celle de _____ : il organisait les achats et le _____. Au dernier jour des grands _____ organisés pour le roi Louis XIV, le _____ commandé par Vatel n'est pas arrivé. La honte causée par ce contretemps était apparemment impossible à _____ pour le maître d'hôtel puisqu'il s'est poignardé. Gérard Depardieu a interprété ce "cuisinier" désespéré dans un film récent de Roland Joffé.

TOTAL : / 10 point

6 Les médias

Reliez les chaînes de télévision aux données de droite.

1. TF1 et M6 •
2. ARTE •
3. La 5ᵉ •
4. France 2 et France 3 •
5. Canal + •

- a. chaînes publiques
- b. chaîne éducative
- c. chaîne culturelle franco-allemande
- d. chaîne payante
- e. chaînes privées

Note : / 5 points

Cochez vrai ou faux.

1. Les Français regardent en moyenne la télé 20 minutes par jour.   vrai ☐   faux ☐

2. En général, les Français dînent devant le journal de 20 heures.   vrai ☐   faux ☐

3. Les Français possèdent en moyenne quatre téléviseurs par famille.   vrai ☐   faux ☐

4. Les Français payent un impôt sur leur télévision
   qui s'appelle la redevance.   vrai ☐   faux ☐

5. La chaîne culturelle ARTE est la plus regardée en France.   vrai ☐   faux ☐

Note : / 5 points

TOTAL : / 10 points

3 Remplissez cette grille à l'aide des définitions.

1. Abréviation de *publicité*.
2. Nom donné à un film spécialement réalisé pour la télévision.
3. Émission dans laquelle différentes personnes sont invitées à discuter sur un sujet donné.
4. Nom de l'émission qui rend compte de l'actualité.
5. Nom de l'émission qui annonce le temps qu'il va faire.

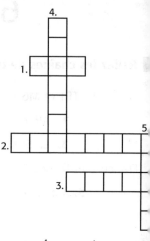

Note : / 5 points

4 Rayez.

On parle souvent dans les médias de "l'esprit canal". Canal + a été très longtemps une chaîne à part. Elle a été notamment un véritable vivier pour la découverte de nombreux humoristes et artistes divers actuels. D'après cette indication, rayez les cinq mots ou expressions qui ne correspondent pas à "l'esprit canal".

1. morale
2. politesse
3. insolence
4. prise de position par rapport à l'actualité
5. conformisme
6. fantaisie
7. humour
8. provocation
9. classicisme
10. politiquement correct

Note : / 5 points

TOTAL : / 10 points

les médias

Complétez les mots.

1. Personne qui présente le journal de 20 heures.

   P _ É _ E _ T _ T _ U R

2. Changer sans cesse de chaîne de télévision à l'aide de la télécommande.

   Z _ P P _ R

3. Personne qui présente une émission, annonce les invités, répartit le temps de parole.

   A _ I M A _ E _ R

4. Appareil qui sert à enregistrer des émissions et visionner des cassettes vidéo.

   M _ G _ É _ O S C _ P _

5. Appareil qui sert à recevoir les chaînes cryptées payantes.

   D _ C O D _ _ R

Note : / 5 points

Complétez les phrases avec :

exemplaires • 36 % • la télévision • nationaux • titres

1. La presse régionale est le premier média devant _____.
2. La presse quotidienne compte une centaine de _____.
3. _____ des Français lisent habituellement un quotidien.
4. La presse française compte 9 titres _____ et 160 titres régionaux.
5. Avec 1354 _____ de magazines pour 1000 habitants, les Français sont les premiers lecteurs de magazines en Europe.

Note : / 5 points

TOTAL : / 10 points

7 Complétez le texte avec :

effervescence • résultats • audience • officiels • auditeurs • libéralisation • stations • FM • jeunes • 6,6

NRJ, le succès radio de l'année

Née en 1981 dans l'_____ de la _____ de la bande _____, la radio la plus écoutée par les _____ a gagné en puissance, au point de menacer aujourd'hui les grandes _____ généralistes, RTL ou Europe 1.

Cet automne, les _____ de la dernière enquête d'_____ sont devenus _____. Désormais, la première radio nationale en nombre d'_____, avec près de _____ millions par jour, c'est NRJ, "la nouvelle radio pour les jeunes".

es médias

Reliez les radios à leur spécialité.

1. Chéri FM •
2. Radio Latina •
3. France musique •
4. France info •
5. France culture •
6. Skyrock •
7. Nostalgie •

• **a.** musique classique
• **b.** informations en continu
• **c.** musique latine
• **d.** musique pop et rock
• **e.** variété romantique
• **f.** chansons anciennes
• **g.** émissions culturelles

Note : / 7 points

Complétez les mots.

1. Journal qui paraît tous les jours.

   Q _ O _ I _ I _ N

2. Journal qui paraît une fois par semaine.

   H _ B _ O M _ D _ I _ E

3. Journal qui paraît une fois par mois.

   M _ N _ U _ L

Note : / 3 points

TOTAL : / 10 points

10 Reliez les journaux et magazines à leur spécialité.

1. Télé star •

2. Studio •

3. Le Figaro •   • **a.** magazine télé

4. Elle •   • **b.** actualité sur le cinéma

5. Femme actuelle •   • **c.** presse féminine

6. Libération •   • **d.** journal national

7. Télé 7 jours •   • **e.** journal régional

8. Ouest-France •

9. Les cahiers du cinéma •

10. Les Dernières Nouvelles d'Alsace •

TOTAL : / 10 points

les médias 51

1 Retrouvez, dans cette grille, les cinq mots de la presse écrite suivants :

édito • article • reportage • journaliste • chronique

R	E	P	O	J	T	A	G	E	S
H	C	H	R	O	N	I	Q	U	E
A	B	E	O	U	P	B	M	I	N
R	E	P	O	R	T	A	G	E	P
O	U	R	N	N	L	I	S	T	E
B	U	K	I	A	J	U	O	O	M
O	U	R	S	L	N	M	I	T	H
R	T	E	D	I	T	O	S	N	F
D	V	G	J	S	F	T	E	I	D
D	W	A	R	T	I	C	L	E	J
U	F	M	P	E	W	X	Z	O	U

Note : / 5 points

2 Reliez les noms à la spécialité du journal ou magazine.

1. Photo •
2. L'Équipe •
3. Sciences et Vie •
4. Marie Claire maison •
5. Géo •

• **a.** voyage et découverte
• **b.** photographie
• **c.** sport
• **d.** sciences
• **e.** décoration

Note : / 5 points

TOTAL : / 10 points

13 Complétez le texte avec :

compréhension • journal • francophone • reportages • significations • apprentissage • articles • mot • extrait • médias

Apprenez le français avec les _____

Les médias proposent de nombreuses possibilités pour compléter son _____ du français.

On peut travailler avec le journal *Sud-Ouest* en travaillant sur des _____ authentiques avec un parcours d'exercices.

On peut travailler avec TV5, la télévision _____. Elle a mis en place un programme nommé *Funambule*. Un _____ est choisi par jour et six petits _____ vidéo y sont associés pour explorer toutes les _____ et toute la richesse de ce mot.

On peut également travailler avec *Vifax* qui propose des exercices de _____, grammaire et vocabulaire entièrement conçus d'après un _____ du _____ télévisé de TV5.

TOTAL : / 10 points

7 Le cinéma

Reliez les chiffres aux données de droite.

- a. nombre de salles de cinéma
- 185 millions •
- b. nombre de spectateurs pour l'année 2002
- 2. 200 •
- c. nombre de spectateurs pour
- 3. 4000 •
  le premier film français au box office 2002
- 14 millions •
  Astérix et Obélix : Mission Cléopâtre
- d. nombre de films produits ou
  co-produits en France en 2002

Note : / 4 points

Cochez vrai ou faux.

1. Les récompenses du cinéma français s'appellent les Césars en hommage à l'empereur romain.   vrai ☐   faux ☐

2. Aucune actrice française n'a jamais reçu d'Oscar.   vrai ☐   faux ☐

3. La plus haute récompense du Festival de Cannes est la Palme d'Or.   vrai ☐   faux ☐

4. Ce sont les professionnels du cinéma qui votent pour les Césars.   vrai ☐   faux ☐

5. Aucun argent public n'est utilisé pour financer les films français.   vrai ☐   faux ☐

6. "L'exception culturelle" est un concept américain.   vrai ☐   faux ☐

Note : / 6 points

TOTAL : / 10 points

CIVILISATION

3 **Complétez les mots.**

1. Personne responsable, sous la direction du réalisateur, de la tenue des documents et de la continuité d'un film.

S C _ I _ T _

2. Cadreur, caméraman, personne responsable de la lumière d'un film.

CHEF O P É _ A _ E _ R

3. Spécialiste chargé du montage des films.

M _ N _ E _ R

4. Personne qui assure le financement d'un film.

P _ O _ U C T _ U R

5. Auteur de scénarios de film.

S _ É _ A _ I _ T E

Note : / 5 points

4 **Retrouvez, dans cette grille, ces cinq réalisateurs de la Nouvelle Vague (mouvement du cinéma des années 60) :**

Malle • Varda • Resnais • Godard • Truffaut

R	E	P	O	J	T	A	G	E	S
T	G	N	L	A	U	G	P	E	R
A	O	E	L	Y	N	T	A	E	E
R	D	B	E	L	K	I	S	G	S
O	A	F	N	L	V	T	B	A	N
T	R	U	F	F	A	U	T	R	A
O	D	R	S	I	R	M	I	L	I
R	T	T	I	S	D	C	S	L	S
D	C	H	I	M	A	L	L	E	D

Note : / 5 points

TOTAL : / 10 points

cinéma

Reliez les deux colonnes afin de reconstituer dix titres de films.

1. Pour cent briques •
2. La vérité •
3. La vie est •
4. Le fabuleux destin •
5. L'aile •
6. À la folie •
7. La folie •
8. Trois hommes •
9. Circulez, •
10. Trois heures moins le quart •

- **a.** y'a rien à voir
- **b.** un long fleuve tranquille
- **c.** t'as plus rien
- **d.** ou la cuisse
- **e.** des grandeurs
- **f.** et un couffin
- **g.** pas du tout
- **h.** avant Jésus-Christ
- **i.** d'Amélie Poulain
- **j.** si je mens

TOTAL : / 10 points

6 **Reliez ces films à leur genre. (Attention, l'un d'eux appartient à deux genres**

1. *Marquise* de Vera Belmont •
2. *Les enfants du siècle* de Diane Kurys •
3. *Le dîner de con* de Francis Weber •   • **a.** guerre
4. *La cage aux folles* de Edouard Molinaro •   • **b.** comédi
5. *La chambre des officiers* de François Dupeyron •   • **c.** historiq
6. *Capitaine Conan* de Bertrand Tavernier •
7. *Le Père Noël est une ordure* de Jean-Marie Poiré •
8. *Jeanne d'Arc* de Luc Besson •
9. *Vercingétorix* de Jacques Dorfmann •
10. *Le frère du guerrier* de Pierre Jolivet •

TOTAL : / 10 poin

cinéma

Rayez les cinq acteurs qui ne sont pas français.
1. Alain Delon
2. Jean-Louis Trintignant
3. Javier Medem
4. Al Pacino
5. Tom Hanks
6. Jean-Paul Belmondo
7. Jean Reno
8. Takeshi Kitano
9. Daniel Auteuil
10. Quentin Tarantino

Note : / 5 points

Complétez les mots.
1. Soirée où l'on présente le film avant la présentation au public.

    A _ A _ T - P _ E _ I _ R E

2. Musique du film.

    B _ N _ E O _ I G _ N _ L E

3. Petit montage qui résume et présente le film avant sa sortie.

    B _ N D _ A N _ O _ C _

4. Traduction des dialogues projetée en bas de l'image.

    S _ U S - T _ T _ E S

5. Partie du film où sont indiqués le titre, le nom des acteurs, auteurs, collaborateurs...

    G _ N É R _ Q _ _

Note : / 5 points

TOTAL : / 10 points

9 Notez L si le film est tiré d'une œuvre littéraire française ou C, si c'est une comédie.

1. *L'amant* de Jean-Jacques Annaud ☐
2. *Germinal* de Claude Berri ☐
3. *Taxi* de Gerard Pirès ☐
4. *Astérix et Obélix : Mission Cléopâtre* de Alain Chabat ☐
5. *La soupe aux choux* de Jean Girault ☐
6. *Les aventures de Rabi Jacob* de Gérard Oury ☐
7. *Les gendarmes de Saint-Tropez* de Jean Girault ☐
8. *La reine Margot* de Patrice Chéreau ☐
9. *Cyrano* de Jean-Paul Rappeneau ☐
10. *Jean de Florette* de Claude Berri ☐

TOTAL : / 10 points

cinéma

Complétez le texte avec :

Rodin • public • réalisateurs • pellicule • actrices • impressionnant • monstre • boulimique • ogres • comédie

Le cas Depardieu

Depardieu est un _____ du cinéma, c'est ainsi qu'on appelle les plus grands. Son physique est _____, son talent démesuré, c'est un _____ de la _____. Il fait penser à ces _____ qui impressionnent les rêves d'enfants. On le compare aux plus grands acteurs de l'histoire du cinéma. Il a travaillé avec les _____ les plus talentueux, français et étrangers. Il a pris dans ses bras les plus belles _____. Tour à tour _____, Christophe Colomb, Cyrano...

Mais la _____ lui va aussi bien que le drame. Depardieu aime avant tout prendre des risques et étonner son _____ à chaque fois.

TOTAL : / 10 points

11 Rayez les cinq actrices qui ne sont pas françaises.
1. Gina Lollobrigida
2. Catherine Deneuve
3. Isabelle Adjani
4. Katherine Hepburn
5. Meryl Streep
6. Sandrine Bonnaire
7. Jeanne Moreau
8. Greta Garbo
9. Juliette Binoche
10. Sophia Loren

Note : / 5 points

12 Charades.
1. Mon premier est l'adjectif possessif féminin de la deuxième personne du singulier.
Mon second un objet utilisé à table pour boire.
Mon troisième est un verbe à l'infinitif, en trois lettres, synonyme de *démentir, contester, contredire*.
Mon tout est le nom d'un réalisateur français célèbre.

_____

2. Mon premier est un adjectif en trois lettres, un peu vieillot, synonyme de *bête, stupide, idiot*.
Mon second est l'adjectif possessif pluriel de la deuxième personne du singulier.
Mon tout est un réalisateur français dont l'actrice fétiche était Romy Schneider.

_____

Note : / 5 points

TOTAL : / 10 points

8 La chanson

Cochez vrai ou faux.

1. Comme pour le cinéma, une cérémonie de récompenses a lieu, chaque année, ce sont les *Victoires de la musique*.   vrai ☐   faux ☐
2. Une loi impose aux radios de variété de passer au moins 40 % de chansons francophones.   vrai ☐   faux ☐
3. Il se vend, en France, plus de disques de variété internationale que de chanson française.   vrai ☐   faux ☐
4. Seuls les artistes déjà reconnus peuvent déposer leurs œuvres à la SACEM (Société des auteurs, compositeurs et éditeurs de musique).   vrai ☐   faux ☐
5. *La french touch* est une expression qui désigne le savoir-faire des DJ français.   vrai ☐   faux ☐

Note : / 5 points

Complétez les mots.

1. Disque rassemblant une dizaine de morceaux d'un même artiste.

   A _ B _ M

2. Disque rassemblant les morceaux de différents artistes autour d'un thème ou retraçant la carrière d'un artiste.

   C _ M P _ L _ T _ _ N

3. Spectacle qui mêle la chanson, la danse et le théâtre.

   C _ M _ D _ E M _ S _ C _ L _

4. Nom donné à la partie d'une chanson qui revient après chaque couplet et qui permet de mémoriser cette dernière.

   R _ F _ A _ N

5. Mot argotique qui désigne une chanson qui s'est très bien vendue et que tout le monde connaît.

   T _ B _

Note : / 5 points

TOTAL : / 10 points

CIVILISATION

3 Retrouvez, dans cette grille, le nom de ces cinq chanteurs qui sont aussi acteurs :

Souchon (Alain) • Bruel (Patrick) • Montand (Yves) • Hallyday (Johnny) • Aznavour (Charles)

A	G	M	L	A	S	G	P	E	H
A	Z	O	L	Y	O	T	A	E	A
R	D	N	E	L	U	I	S	G	L
A	A	T	A	L	C	T	B	A	L
T	R	A	F	V	H	U	T	R	Y
O	D	N	S	I	O	M	I	L	D
R	T	D	I	S	N	U	S	L	A
B	R	U	E	L	A	L	R	E	Y

Note : / 5 points

4 Complétez les mots.

1. Artiste qui n'est pas compositeur et qui chante des chansons écrites par d'autres.

    I _ T _ R P _ È T E

2. Rassemblement de plusieurs artistes ; en général, un chanteur et des musiciens, notamment pour le rock.

    G _ O _ P E

3. Chanteurs dont le rôle est de soutenir le chanteur principal, notamment pour le refrain.

    C H _ R _ S _ E S

4. Professionnel qui peaufine une composition, lui donne sa forme définitive.

    A _ R A _ G _ _ R

5. Chanson qui se chante à deux.

    D _ _

Note : / 5 points

TOTAL : / 10 points

chanson

Rayez les cinq artistes qui ne sont pas des représentants du RAÏ (courant de musique algérienne qui a beaucoup de succès en France).

1. Adamo
2. Cheb Mami
3. Khaled
4. Georges Brassens
5. Mireille Mathieu
6. Cheb Hasni
7. Faudel
8. Florent Pagny
9. Dalida
10. Rachid Taha

Note : / 5 points

Reliez le titre de la chanson à son interprète.

1. *Ne me quitte pas* •
2. *Comme d'habitude* •
3. *La vie en rose* •
4. *Douce France* •
5. *Les feuilles mortes* •

• **a.** Yves Montand
• **b.** Charles Trenet
• **c.** Jacques Brel
• **d.** Claude François
• **e.** Édith Piaf

Note : / 5 points

TOTAL : / 10 points

7 Serge Gainsbourg et les femmes. Gainsbourg a beaucoup écrit pour les femmes. Retrouvez, dans cette grille, ces cinq interprètes qui sont toutes des actrices :

Birkin (Jane) • Deneuve (Catherine) • Adjani (Isabelle) • Bardot (Brigitte) • Paradis (Vanessa)

A	G	D	E	N	E	U	V	E	H
A	P	O	L	Y	S	T	A	E	A
R	A	N	E	B	A	R	D	O	T
D	R	N	E	U	D	E	B	A	L
T	A	A	F	V	J	U	T	R	O
O	D	N	S	I	A	M	I	L	D
B	I	R	K	I	N	U	S	L	M
B	S	U	E	L	I	L	R	E	Y

Note : / 5 points

8 Reliez les couples de la chanson française.

1. Serge Gainsbourg •
2. Yves Montand •
3. Jacques Dutronc •
4. Michel Berger •
5. Johnny Hallyday •

• **a.** Françoise Hardy
• **b.** Jane Birkin
• **c.** Édith Piaf
• **d.** Sylvie Vartan
• **e.** France Gall

Note : / 5 points

TOTAL : / 10 points

chanson

Notez O (oui) s'il s'agit d'une chanson d'amour et N (non), si ce n'est pas le cas.

1. *Ne me quitte pas* Jacques Brel ☐
2. *Hexagone* Renaud ☐
3. *Jaurès* Jacques Brel ☐
4. *Je joue du violon tzigane* Bobby Lapointe ☐
5. *J'veux pas que tu t'en ailles* Michel Jonasz ☐
6. *Ma femme* Pierre Perret ☐
7. *J'ai l'béguin pour elle* Patrick Bruel ☐
8. *Gangster moderne* MC Solar ☐
9. *Macao* Splendid ☐
10. *À l'ombre de ma mie* Georges Brassens ☐

TOTAL : / 10 points

10 Reliez pour reconstituer dix titres de chansons.

1. Paris - New York, •
2. Ma liberté •
3. Je ne chante pas •
4. J'aime Paris •
5. J'ai bien mangé, •
6. Je suis venu te dire •
7. J'ai la guitare •
8. Je t'aimais tellement fort •
9. J'ai perdu le Mont-Blanc •
10. Papa pique •

- **a.** et maman coud
- **b.** au mois de mai
- **c.** qui me démange
- **d.** que je t'aime encore
- **e.** que je m'en vais
- **f.** j'ai bien bu
- **g.** contre la tienne
- **h.** sous la neige
- **i.** New York - Paris
- **j.** pour passer le temps

TOTAL : / 10 points

chanson

Complétez le texte avec :

dépendance • taille • boxeur • Yves Montand • disque • contorsionniste • immense • Marlène Dietrich • triomphe • Père Lachaise

La môme Piaf

Son père était _____ et artiste de cirque, sa mère chanteuse des rues. La "môme Piaf", surnom qui est dû à sa petite _____, commence à chanter en 1935 et est tout de suite repérée notamment par Maurice Chevalier. Elle enregistre son premier _____ en 1937 et passe la guerre à chanter ; c'est elle qui découvre _____ en 1944. En 1946, *La vie en rose* la fait connaître dans le monde entier. En 1947, elle chante à New York, rencontre _____ et surtout le _____ Marcel Cerdan. Leur amour est une vraie légende mais le malheur rattrape Édith puisque Marcel meurt dans un accident d'avion en 1949. Elle continue à chanter, retourne à New York avec son secrétaire, un certain Charles Aznavour.
La déprime poursuit toujours Édith et celle-ci s'enfonce dans la _____ des drogues. Elle fait encore un _____ à l'Olympia en 1961. Elle meurt le même jour que son ami Jean Cocteau et est enterrée au _____ en présence d'une foule _____.

TOTAL : / 10 points

12 Cochez vrai ou faux.

1. L'Olympia est une scène mythique pour les chanteurs français. vrai ☐ faux ☐
2. Des concerts sont organisés pour les grandes stars au stade de France. vrai ☐ faux ☐
3. L'Olympia est la plus grande salle de concert de Paris. vrai ☐ faux ☐
4. Le dernier concert de Jacques Brel a eu lieu au Zénith, au parc de la Villette. vrai ☐ faux ☐
5. Le Palais Omnisport de Bercy se transforme en salle de concert, patinoire, piscine géante... vrai ☐ faux ☐

Note : / 5 points

13 Cochez la bonne réponse.

1. Quel artiste, auteur de *Et maintenant*, était surnommé monsieur 100 000 volts à cause de son énergie débordante en concert ?
    Gilbert Bécaud ☐   Georges Brassens ☐   Jean Ferrat ☐
2. Quel chanteur, surnommé "le fou chantant", est toujours représenté avec son chapeau et les yeux écarquillés ?
    Léo Ferré ☐   Jacques Brel ☐   Charles Trenet ☐
3. Quel chanteur avait des moustaches grisonnantes, s'accompagnait toujours à la guitare et fumait la pipe ?
    Serge Lama ☐   Gilbert Bécaud ☐   Georges Brassens ☐
4. Quel chanteur était d'origine bruxelloise ?
    Jacques Brel ☐   Georges Brassens ☐   Léo Ferré ☐
5. Quelle chanteuse, amie de Jacques Brel, auteur de *L'aigle noir*, était surnommée "la dame en noir" ?
    Patricia Kaas ☐   Véronique Sanson ☐   Barbara ☐

Note : / 5 points

TOTAL : / 10 points

9 Guerres et révolutions

Notez de 1 à 10 pour classer ces événements historiques chronologiquement.

1. les croisades ☐
2. la guerre des Gaules ☐
3. la guerre du Golf ☐
4. les guerres napoléoniennes ☐
5. la Seconde Guerre mondiale ☐
6. la guerre d'Algérie ☐
7. La Révolution française ☐
8. Mai 68 ☐
9. la Commune ☐
10. la Première Guerre mondiale ☐

TOTAL : / 10 points

2 Reliez les événements historiques aux dates.

1. la Révolution française •
2. la Commune •
3. la Première Guerre mondiale •
4. la guerre d'Algérie •
5. la Seconde Guerre mondiale •

• **a.** 1954-1962
• **b.** 1914-1918
• **c.** 1939-1945
• **d.** 1871
• **e.** 1789

Note : / 5 points

3 Reliez les événements historiques aux lieux où ils sont se déroulés.

1. les croisades •
2. la Révolution •
3. la Commune •
4. La guerre d'Indochine •
5. Les guerres napoléoniennes •

• **a.** en France
• **b.** à Paris
• **c.** au Moyen-Orient
• **d.** dans toute l'Europe
• **e.** au Vietnam et au Cambodge

Note : / 5 points

TOTAL : / 10 points

… uerres et révolutions   71

La Révolution française

Complétez les mots.

1. À la fois célèbre chanson révolutionnaire et veste courte cintrée portée par les révolutionnaires.

   C _ R _ A G N _ L E

2. Homme du peuple qui participe activement à la révolution.

   S A N S - C _ L _ T T _

3. Prison sur l'Île de la Cité où séjourna Marie-Antoinette avant d'être exécutée.

   LA C _ N C _ E R _ E _ I E

4. Coiffure rouge retombant sur le côté adoptée par les révolutionnaires.

   LE B O N N E T P H _ Y G _ E _

5. Instrument servant à trancher la tête des condamnés à mort.

   G _ I _ _ O _ I _ E

Note : / 5 points

Rayez les cinq personnages historiques qui n'ont aucun rapport avec la Révolution française.

1. Général de Gaulle
2. Marat
3. Catherine de Médicis
4. Robespierre
5. Danton
6. François Ier
7. Charlemagne
8. Marie-Antoinette
9. Louis XVI
10. Henri IV

Note : / 5 points

TOTAL : / 10 points

6 *La Carmagnole* (août 1792, auteur anonyme) est la chanson révolutionnaire la plus célèbre. Complétez cet extrait avec :

honneur • poltrons • carmagnole • son • cul • patriote • pays • cassé • L'aristocrate • cœur

Dansons la _____

Vive le son, vive le _____

Dansons la carmagnole

Vive le son du canon !

Antoinette avait résolu

De nous faire tomber sur le _____

Mais son coup a manqué

Elle a le nez _____.

Quand Antoinette vit la tour

Elle voulut faire demi-tour

Elle avait mal au _____

De se voir sans _____.

Le _____ a pour amis

Toutes les bonnes gens du _____

Mais ils se soutiendront

Tous au son du canon.

_____ a pour amis

Tous les royalistes de Paris

Ils vous le soutiendront

Tout comme de vrais _____ !

La Première Guerre mondiale

Cochez la bonne réponse.

1. Comment appelait-on les soldats de la Première Guerre mondiale ?
    les joufflus ☐   les exclus ☐   les poilus ☐
2. Comment appelait-on les soldats blessés au visage ?
    les monstres ☐   les défigurés ☐   les gueules cassées ☐
3. Comment s'appelaient les longs fossés dans lesquels les soldats sont restés pendant des mois ?
    les allées ☐   les tranchées ☐   les impasses ☐
4. Quelle expression était utilisée pour exprimer l'enthousiasme des soldats à partir à la guerre ?
    la fleur au fusil ☐   la joie de l'uniforme ☐   le sourire au botte ☐
5. Quels véhicules ont joué un rôle important lors de la bataille de la Marne ?
    les ambulances ☐   les taxis ☐   les bicyclettes ☐

Note : / 5 points

Cochez vrai ou faux.

1. On a appelé 14-18 la "Der des Der" pour dire "plus jamais ça". vrai ☐   faux ☐
2. La grippe espagnole a tué plus de monde
que la Première Guerre mondiale.   vrai ☐   faux ☐
3. Pendant la guerre de 14-18, la France a été entièrement
occupée par l'Allemagne.   vrai ☐   faux ☐
4. De nombreux soldats des colonies françaises
sont venus aider l'armée française.   vrai ☐   faux ☐
5. Pendant la guerre, le sud de Paris a été détruit
par les bombardements.   vrai ☐   faux ☐

Note : / 5 points

TOTAL : / 10 points

CIVILISATION

La Seconde Guerre mondiale

9 **Complétez les mots.**

1. Comment appelle-t-on la période pendant laquelle les Allemands ont occupé une partie de la France ?

   L'O _ _ U _ A _ I _ N

2. Comment appelle-t-on populairement les Français qui ne s'opposaient en aucune façon aux Allemands ou qui les aidaient de différentes manières ?

   LES C _ LL _ B _ S

3. Comment appelle-t-on la frontière qui séparait la France libre de la France occupée par les Allemands ?

   LA LIGNE DE D _ M _ R _ AT _ ON

4. Comment appelle-t-on les hommes et les femmes qui se sont organisés pour combattre les Allemands une fois la France occupée ?

   LES R _ S _ ST _ N _ S

5. Comment appelle-t-on l'ensemble des pays qui combattaient du côté de la France ?

   LES A _ L _ ÉS

   Note : / 5 points

10 **Cochez la bonne réponse.**

1. Au mois de juin 1940, le général Pétain est placé à la tête du pays puis il installe le gouvernement à

   Brest. ☐   Vichy. ☐   Alger. ☐

2. Le général de Gaulle organisait la résistance depuis

   Berlin. ☐   Madrid. ☐   Londres. ☐

3. Pétain a été choisi car il était un héros de
   la Première Guerre mondiale. ☐   la guerre de 1870. ☐   la guerre d'Espagne de 36.

4. Paris a été libéré par
   le général Pétain. ☐   de Gaulle et le général Leclerc. ☐   les Espagnols.

5. Pendant la guerre, ont été déportés
   12 000 juifs français. ☐   75 000 juifs français. ☐   28 000 juifs français.

Note : / 5 points

TOTAL : / 10 points

Complétez le texte avec :

Gestapo • cendres • réunion • préfet • torture • Lyon • résistance • train • mouvements • Londres

Jean Moulin, ancien _____ de gauche, se rend à _____ en 1941 où le général de Gaulle lui confie d'organiser la _____ en France. Il installe son quartier général à _____.

Son surnom de résistant est "Rex" puis "Max". Il parvient, malgré de nombreux désaccords, à unir les _____ de résistance.

Il est arrêté, en 1943, par la _____ au cours d'une _____.

Malgré des jours de _____, il ne parle pas et est donc transféré en Allemagne.

Il mourra pendant le trajet dans un _____.

Ses _____ ont été transférées au Panthéon en 1964.

TOTAL : / 10 points

Mai 68

12 Des slogans de mai 68 et de vrais et faux dictons populaires sont mêlés. Rayez les phrases qui ne sont pas des slogans "soixante-huitards".

1. Il est interdit d'interdire.
2. Qui a bu boira.
3. Passe ton bac d'abord !
4. Sous les pavés, la plage !
5. Qui aime bien châtie bien.
6. Soyez réalistes, demandez l'impossible !
7. Mariez-vous avant, après faites des enfants.
8. Désirer la réalité, c'est bien ! Réaliser ses désirs, c'est mieux !
9. Petit à petit l'oiseau fait son nid.
10. L'imagination prend le pouvoir.
11. Boule qui roule n'amasse pas mousse.
12. Ne vous emmerdez plus ! Emmerdez les autres !
13. Ouvrons les portes des asiles, des prisons et autres facultés.
14. Qui va à la chasse perd sa place.
15. L'argent n'a pas d'odeur.
16. L'argent ne fait pas le bonheur.
17. Une révolution qui demande que l'on se sacrifie pour elle est une révolution à papa.
18. J'emmerde la société et elle me le rend bien !
19. Le respect se perd, n'allez pas le chercher !
20. Respectez vos parents, soyez de bons enfants !

TOTAL : / 10 points

10 Les grands courants artistiques : œuvres et personnalités

Reliez les données de gauche aux siècles.

1. Renaissance •
2. Classicisme •
3. Surréalisme •
4. Romantisme •
5. Siècle des Lumières •

- **a.** XXe siècle
- **b.** XIXe siècle
- **c.** XVIe siècle
- **d.** XVIIIe siècle
- **e.** XVIIe siècle

Note : / 5 points

Charade.

Mon premier est l'adjectif possessif de la première personne du singulier, au féminin.
Mon second est une conjonction négative en deux lettres qui correspond à l'affirmatif *et*. On l'utilise quand la négation porte sur deux éléments.
Mon troisième est le verbe *faire* conjugué au présent, à la troisième personne du singulier.
Mon quatrième est la première lettre du mot *serpent*.
Mon cinquième est le pronom personnel de la deuxième personne du singulier, employé comme complément.
Mon tout est un texte, une déclaration écrite, publique et solennelle par laquelle les groupes d'artistes ont souvent annoncé leurs projets, la nouveauté de leur pensée, leur position esthétique ou politique, etc.

Note : / 5 points
TOTAL : / 10 points

CIVILISATION

3 Cochez la bonne réponse.

1. Le domaine le plus représentatif de la Renaissance est
   la cuisine. ☐   l'architecture. ☐   la gravure. ☐
2. Le mouvement de pensée qui accompagne la Renaissance est
   l'humanisme. ☐   l'existentialisme. ☐   le communisme. ☐
3. Le modèle à suivre, pour les artistes de la Renaissance, c'est
   l'Antiquité. ☐   le Moyen Âge. ☐   l'art primitif. ☐
4. La langue de la création littéraire pendant la Renaissance est
   le grec. ☐   le français. ☐   le latin. ☐
5. Le nom du célèbre groupe des grands poètes de la Renaissance, devenu celui d'une collection éditoriale prestigieuse, est
   le Club des 5. ☐   la Pléiade. ☐   les Inconnus. ☐

Note : / 5 points

4 Retrouvez, dans cette grille, ces cinq grands poètes et écrivains de la Renaissance :

Montaigne • Ronsard • Marot • Du Bellay • Rabelais

M	O	N	T	A	I	G	N	E	S
A	H	E	L	Y	N	T	A	E	O
R	A	B	E	L	A	I	S	G	N
O	I	F	N	L	G	T	B	A	O
T	P	O	R	O	N	S	A	R	D
O	U	R	S	I	S	M	I	L	H
R	T	T	I	S	C	C	S	L	F
D	C	H	I	R	A	C	E	E	D
D	U	B	E	L	L	A	Y	A	O
U	F	M	P	L	D	X	Z	O	U

Note : / 5 points
TOTAL : / 10 points

Les grands courants artistiques : œuvres et personnalités

Cochez la bonne réponse.

1. Lequel de ces hommes de théâtre était le maître de la comédie à l'époque classique ?

    Racine ☐   Molière ☐   Corneille ☐

2. Le classicisme voit la création de

    l'Académie française. ☐   la Sorbonne. ☐   le Conseil constitutionnel. ☐

3. À quel souverain s'apparente le classicisme ?

    Saint Louis ☐   Louis XIV ☐   Charlemagne ☐

4. Quelle œuvre architecturale représente le classicisme ?

    Versailles ☐   Notre-Dame de Paris ☐   La tour Eiffel ☐

5. Dans quelle pièce, Molière se moque-t-il du mouvement de la Préciosité ?

    Le Malade imaginaire ☐   L'Avare ☐   Les Précieuses ridicules ☐

Note : / 5 points

Reliez les écrivains aux données de droite.

1. Racine *(Phèdre)* •   • **a.** philosophe
2. Descartes *(Le Discours de la méthode)* •   • **b.** poète
3. Saint-Simon *(Les Mémoires)* •   • **c.** moraliste
4. La Rochefoucauld *(Les Maximes)* •   • **d.** mémorialiste
5. La Fontaine *(Les Fables)* •   • **e.** tragédien

Note : / 5 points

TOTAL : / 10 points

7 Les grands écrivains du siècle des Lumières. Cochez vrai ou faux.

1. Le libertinage est basé sur la fidélité.   vrai ☐   faux ☐

2. *Les liaisons dangereuses* de Choderlos de Laclos
ont été adaptées plusieurs fois au cinéma.   vrai ☐   faux ☐

3. Le marquis de Sade était enfermé à la prison de la Bastille.   vrai ☐   faux ☐

4. Diderot a écrit *Les Misérables*.   vrai ☐   faux ☐

5. Voltaire n'a jamais eu d'ennuis avec la police.   vrai ☐   faux ☐

6. Rousseau pensait que l'homme était foncièrement mauvais.   vrai ☐   faux ☐

7. Les philosophes des Lumières se retrouvaient au café le Procope.   vrai ☐   faux ☐

8. Montesquieu était pour l'esclavagisme.   vrai ☐   faux ☐

9. Rousseau n'a rien écrit sur l'éducation des enfants.   vrai ☐   faux ☐

10. D'Alembert a écrit *l'Encyclopédie* tout seul.   vrai ☐   faux ☐

TOTAL :   / 10 points

Les grands courants artistiques : œuvres et personnalités

Retrouvez, dans cette grille, le nom de ces six poètes romantiques :

Hugo • Lamartine • Vigny • Nerval • Musset - Chateaubriand

C	O	N	T	L	I	G	N	E	S
H	H	E	L	A	N	T	A	E	O
A	A	B	E	M	U	S	S	E	T
T	I	F	N	A	G	T	B	A	O
E	P	O	R	R	N	S	A	R	D
A	U	R	S	T	S	M	I	L	H
U	T	T	V	I	G	N	Y	L	F
B	C	H	I	N	A	C	E	E	I
R	U	B	E	E	L	A	Y	A	H
I	F	M	P	L	D	X	Z	O	U
A	O	N	A	A	I	H	N	P	G
N	E	R	V	A	L	T	A	E	O
D	A	B	E	L	A	I	S	G	N

Note : / 6 points

Reliez les artistes du romantisme à leur domaine.

1. Berlioz •
2. Delacroix •
3. Lamartine •
4. Stendhal •

• **a.** roman
• **b.** musique
• **c.** peinture
• **d.** poésie

Note : / 4 points

TOTAL : / 10 points

10 Le héros romantique. Notez O (oui), si la phrase correspond au héros romantique ou N (non), si ce n'est pas le cas.

1. Il ne pense qu'à gagner de l'argent. ☐
2. Il aime s'habiller avec des uniformes militaires. ☐
3. Il aime la nature. ☐
4. Il adore rêver. ☐
5. Il déteste voyager. ☐
6. Il change de maîtresse tout le temps. ☐
7. Il a les cheveux longs. ☐
8. Il est à l'écoute de ses émotions. ☐
9. Il déteste la poésie et l'art, en général. ☐
10. Il aime la liberté. ☐

TOTAL : / 10 points

es grands courants artistiques : œuvres et personnalités

Rayez les cinq artistes qui ne sont pas des surréalistes.
1. Léonard de Vinci
2. Aragon
3. Breton
4. Hugo
5. Buñuel
6. Éluard
7. Ronsard
8. Magritte
9. Lamartine
10. Racine

Note : / 5 points

Cochez la bonne réponse.
1. Sartre était le représentant de la pensée
   colonialiste. ☐   capitaliste. ☐   existentialiste. ☐
2. Laquelle de ces femmes écrivains était la compagne de Sartre ?
   Madame de Sévigné ☐   Marguerite Duras ☐   Simone de Beauvoir ☐
3. En 1964, Sartre a refusé
   le prix Nobel de littérature. ☐   la croix de guerre. ☐   la légion d'honneur. ☐
4. Après la Seconde Guerre mondiale, les intellectuels se retrouvaient à
   Saint-Germain-des-Prés. ☐   Pigalle. ☐   Bastille. ☐
5. L'écrivain Boris Vian était aussi
   sportif de haut niveau. ☐   chef cuisinier dans un grand restaurant. ☐
   musicien de jazz dans les cabarets. ☐

Note : / 5 points

TOTAL : / 10 points

CIVILISATION

13 Complétez ce texte avec :

messages • collaboration • amitié • automatique • surréaliste • journaliste • geôles • papiers • délégation • radio

En 1928, le poète Robert Desnos, _____, compagnon de Breton et Aragon, champion des "cadavres exquis", de l'écriture _____ sous hypnose, s'embarque pour Cuba avec un groupe d'artistes et intellectuels français invités par le journal *La razón*.

Il y rencontre l'écrivain et _____ Alejo Carpentier qui avait été emprisonné pendant 7 mois dans les _____ du dictateur de droite Machado. Les deux hommes se lient d'_____ et, au moment du retour, Desnos donne ses _____ à Carpentier qui s'embarque à sa place.

Desnos feint auprès des autorités d'avoir perdu son passeport mais comme il fait partie d'une _____ officielle, il n'a pas de problème pour rentrer. C'est le début d'une longue amitié et d'une importante _____, notamment dans le milieu de la _____ pour des émissions et la conception de _____ publicitaires.

TOTAL : / 10 points

Corrigés

1 Paris

1. la petite couronne – 2. 16 – 3. 1900 – 4. Lutèce – 5. Clovis

1. b – 2. e – 3. d – 4. a – 5. c

1. RD – 2. RG – 3. RG – 4. RG – 5. RG – 6. RG – 7. RD – 8. RD – 9. RD – 10. RG

1. le jardin du Luxembourg – 2. le parc des Buttes-Chaumont – 3. le jardin des Tuileries – le jardin des Plantes – 5. le parc de la Villette

1. b – 2. a – 3. d – 4. e – 5. c

1. vrai – 2. faux – 3. vrai – 4. faux – 5. vrai

1. b – 2. a – 3. e – 4. c – 5. d

1. M – 2. M – 3. T – 4. M – 5. T – 6. T – 7. T – 8. T – 9. M – 10. M

rayer : 2 – 4 – 6 – 9 – 10

. 1. b – 2. a – 3. e – 4. c – 5. d

. 1. Paname – 2. Parigot – 3. bouquinistes – 4. bistrot – 5. Garçon

. rayer : 1 – 2 – 4 – 5 – 10

. 1. e – 2. d – 3. b – 4. a – 5. c

. rayer : 2 – 3 – 6 – 7 – 9

2 La santé

1. 1. b – 2. e – 3. a – 4. d – 5. c

2. *horizontalement* : homéopathe
verticalement : kinésithérapeute – ostéopathe – acuponcteur – psychologue

3. 1. d – 2. c – 3. b – 4. e – 5. a

4. 1. vrai – 2. faux – 3. faux – 4. faux – 5. vrai

5. 1. c – 2. b – 3. e – 4. d – 5. a

6. 1. vrai – 2. vrai – 3. faux – 4. faux – 5. vrai

7. 1. i – 2. b – 3. e – 4. d – 5. a – 6. h – 7. f – 8. j – 9. g – 10. c

8. *rayer* : 1 – 5 – 8 – 9 – 10

9. *souligner* : 1 – 2 – 5 – 6 – 7

10. sécu – trou – colossal – cotisations – remboursés – pharmaciens – génériques – honoraires – découvert – soigné

11. 1. e – 2. c – 3. d – 4. b – 5. a

12. 1. e – 2. d – 3. c – 4. a – 5. b

13. Urgence – soignant – diplôme – privé – expatriation – linguistique – reportages – patients – publique – vocations

3 L'argent et la consommation

1. vrai – 2. faux – 3. vrai – 4. faux – 5. faux

1. b – 2. c – 3. d – 4. e – 5. a

1. vrai – 2. faux – 3. vrai – 4. faux – 5. vrai

1. il y contribue – 2. d'odeur – 3. mortelle – 4. un mauvais maître – 5. mariage

rayer : 1 – 3 – 4 – 5 – 8 – 9 – 10 – 13 – 18 – 19

1. appoint – 2. monnaie – 3. porte-monnaie – 4. crédit – 5. chéquier

horizontalement : boutique – magasin – marché

verticalement : hypermarché – supermarché

1. "L'arabe du coin" – 2. marché – 3. hypermarchés – 4. boutiques – 5. grands magasins

rayer : 2 – 4 – 5 – 9 – 10

Rabais – soldes – janvier – juillet – consommateurs – émeute – magasins – moitié – vitrines – événement

1. b – 2. j – 3. g – 4. c – 5. h – 6. e – 7. d – 8. i – 9. f – 10. a

associations – informer – choisir – défendre – médiateur – objective – services – arnaques – conseillent – juridiques

4 Les grandes indusries et l'agriculture

1. 1. vrai – 2. vrai – 3. faux – 4. faux – 5. faux

2. 1. l'Allemagne – 2. des produits agroalimentaires – 3. d'avions et de bateaux – 4. l'Italie 5. 133 pays

3. 1. f – 2. j – 3. a – 4. c – 5. h – 6. g – 7. b – 8. e – 9. d – 10. i

4. 1. a – 2. b – 3. b – 4. a – 5. b

5. 1. vrai – 2. faux – 3. faux – 4. vrai – 5. vrai

6. automobile – visiteurs – nouveautés – première – marques – stands – essais – journalistes – nationalités – couvrir

7. 1. nucléaire – 2. publiques – 3. écologistes – 4. la crise pétrolière de 1973 – 5. pétrole

8. 1. le premier – 2. 650 000 agriculteurs – 3. 13 % – 4. 30 personnes – 5. la maladie de Creutzfeldt Jacob

9. 1. c – 2. a – 3. j – 4. h – 5. i – 6. d – 7. f – 8. b – 9. e – 10. g

10. 1. d – 2. b – 3. a – 4. e – 5. c

11. *rayer :* 1 – 2 – 6 – 7 – 10

12. citadins – zoo – communication – vaches – souriant – élevage – biologique – culinaires – races – institution

5 Le marché du luxe et de la gastronomie

1. 300 000 personnes – 2. 30 milliards d'euros – 3. 35 % – 4. le secrétaire d'État à l'instrie – 5. une collection

rayer : 2 – 4 – 6 – 9 – 10

1. d – 2. a – 3. e – 4. b – 5. c

1. faux – 2. vrai – 3. faux – 4. vrai – 5. vrai

1. N – 2. N – 3. O – 4. O – 5. O – 6. N – 7. N – 8. O – 9. O – 10. O

chapeaux – défilé – mondaines – Cocteau – pièces – Stravinsky – tailleur – l'aisance – rde-robe – l'émancipation

1. éventail – 2. ombrelle – 3. chaussures – 4. chapeau – 5. gants – 6. sac

1. c – 2. b – 3. d – 4. a

1. faux – 2. faux – 3. vrai – 4. vrai – 5. faux

. *horizontalement :* Robuchon

ticalement : Boccuse – Ducasse – Cagna – Loiseau

. 1. d – 2. f – 3. e – 4. c – 5. g – 6. h – 7. j – 8. i – 9. a – 10. b

. célèbres – suicide – lettre – château – officielle – maître d'hôtel – ravitaillement – banets – poisson – surmonter

6 Les médias

1. 1. e – 2. c – 3. b – 4. a – 5. d

2. 1. faux – 2. vrai – 3. faux – 4. vrai – 5. faux

3. 1. pub – 2. téléfilm – 3. débat – 4. journal – 5. météo

4. *rayer :* 1 – 2 – 5 – 9 – 10

5. 1. présentateur – 2. zapper – 3. animateur – 4. magnétoscope – 5. décodeur

6. 1. la télévision – 2. titres – 3. 36 % – 4. nationaux – 5. exemplaires

7. effervescence – libéralisation – FM – jeunes – stations – résultats – audience – officiels auditeurs – 6,6

8. 1. e – 2. c – 3. a – 4. b – 5. g – 6. d – 7. f

9. 1. quotidien 2. hebdomadaire 3. mensuel

10. 1. a – 2. b – 3. d – 4. c – 5 c – 6. d – 7. a – 8. e – 9. b – 10. e

11. *horizontalement :* chronique – reportage – édito – article

verticalement : journaliste

12. 1. b – 2. c – 3. d – 4. e – 5. a

13. médias – apprentissage – articles – francophone – mot – reportages – significations compréhension – extrait – journal

7 Le cinéma

1. b – 2. d – 3. a – 4. c

1. faux – 2. faux – 3. vrai – 4. vrai – 5. faux – 6. faux

1. scripte – 2. chef opérateur – 3. monteur – 4. producteur – 5. scénariste

horizontalement : Truffaut – Malle

ticalement : Godard – Varda – Resnais

1. c – 2. j – 3. b – 4. i – 5. d – 6. g – 7. e – 8. f – 9. a – 10. h

1. c – 2. c – 3. b – 4. b – 5. a – 6. a – 7. b – 8. a/c – 9. c – 10. a

rayer : 3 – 4 – 5 – 8 – 10

1. avant-première – 2. bande originale – 3. bande annonce – 4. sous-titres – 5. générique

1. L – 2. L – 3. C – 4. C – 5. C – 6. C – 7. C – 8. L – 9. L – 10. L

. monstre – impressionnant – boulimique – pellicule – ogres – réalisateurs – actrices – din – comédie – public

. *rayer :* 1 – 4 – 5 – 8 – 10

. 1. ta - verre - nier : Tavernier (Bertrand) – 2. sot - tes : Sautet (Claude)

8 La chanson

1. 1. vrai – 2. vrai – 3. faux – 4. faux – 5. vrai

2. 1. album – 2. compilation – 3. comédie musicale – 4. refrain – 5. tube

3. *horizontalement :* Bruel

verticalement : Montand – Souchon – Hallyday

en diagonale : Aznavour

4. 1. interprète – 2. groupe – 3. choristes – 4. arrangeur – 5. duo

5. *rayer :* 1 – 4 – 5 – 8 – 9

6. 1. c – 2. d – 3. e – 4. b – 5. a

7. *horizontalement :* Deneuve – Bardot – Birkin

verticalement : Paradis – Adjani

8. 1. b – 2. c – 3. a – 4. e – 5. d

9. 1. O – 2. N – 3. N – 4. N – 5. O – 6. O – 7. O – 8. N – 9. N – 10. O

10. 1. i – 2. g – 3. j – 4. b – 5. f – 6. e – 7. c – 8. d – 9. h – 10. a

11. contorsionniste – taille – disque – Yves Montand – Marlène Dietrich – boxeur – dépe dance – triomphe – Père Lachaise – immense

12. 1. vrai – 2. vrai – 3. faux – 4. faux – 5. vrai

13. 1. Gilbert Bécaud – 2. Charles Trenet – 3. Georges Brassens – 4. Jacques Brel – 5. Barbara

9 Guerres et révolutions

1. 2 – 2. 1 – 3. 10 – 4. 4 – 5. 7 – 6. 8 – 7. 3 – 8. 9 – 9. 5 – 10. 6

1. e – 2. d – 3. b – 4. a – 5. c

1. c – 2. a – 3. b – 4. e – 5. d

1. carmagnole – 2. sans-culotte – 3. Conciergerie – 4. phrygien – 5. guillotine

rayer : 1 – 3 – 6 – 7 – 10

carmagnole – son – cul – cassé – cœur – honneur – patriote – pays – l'aristocrate – pol-
ons

1. les poilus – 2. les gueules cassées – 3. les tranchées – 4. la fleur au fusil – 5. les taxis

1. vrai – 2. vrai – 3. faux – 4. vrai – 5. faux

1. l'occupation – 2. les collabos – 3. la ligne de démarcation – 4. les résistants – 5. les
iés

1. Vichy – 2. Londres – 3. la Première Guerre mondiale – 4. de Gaulle et le général
clerc – 5. 75 000 juifs français

préfet – Londres – résistance – Lyon – mouvements – gestapo – réunion – torture –
in – cendres

rayer : 2 – 3 – 5 – 7 – 9 – 11 – 14 – 15 – 16 – 20

10 Les grands courants artistiques : œuvres et personnages

1. 1. c – 2. e – 3. a – 4. b – 5. d

2. ma – ni – fait – s – te : manifeste

3. 1. l'architecture – 2. l'humanisme – 3. l'Antiquité – 4. le français – 5. la Pléiade

4. *horizontalement* : Montaigne – Rabelais – Ronsard – Du bellay

verticalement : Marot

5. 1. Molière – 2. l'Académie française – 3. Louis XIV – 4. Versailles – 5. Les Précieuses ric cules

6. 1. e – 2. a – 3. d – 4. c – 5. b

7. 1. faux – 2. vrai – 3. vrai – 4. faux – 5. faux – 6. faux – 7. vrai – 8. faux – 9. faux – 10. faux

8. *horizontalement* : Musset – Vigny – Nerval

verticalement : Chateaubriand – Lamartine – Hugo

9. 1. b – 2. c – 3. d – 4. a

10. 1. N – 2. N – 3. O – 4. O – 5. N – 6. N – 7. O – 8. O – 9. N – 10. O

11. *rayer* : 1 – 4 – 7 – 9 – 10

12. 1. existentialiste – 2. Simone de Beauvoir – 3. le prix Nobel de littérature – 4. Saint-Germain-des-Prés – 5. musicien de jazz dans les cabarets

13. surréaliste – automatique – journaliste – geôles – amitié – papiers – délégation – collaboration – radio – messages

N° d'éditeur : 10099962 – Juillet 2003
Imprimé en France par EMD S.A. – 53110 Lassay-les-Châteaux – N° dossier : 10779